OBSERVATIONS

OFFERTES

AUX CHAMBRES LÉGISLATIVES

SUR

LE PROJET DE FORTIFIER PARIS.

> La monarchie se perd, lorsque le prince rapporte tout à la capitale de son Empire, etc., etc.
>
> MONTESQUIEU.

Paris,

CHEZ DELAUNAY, LIBRAIRE, PALAIS ROYAL,

GALERIE DE VALOIS.

1841.

IMPRIMERIE D'AMÉDÉE SAINTIN,
rue St.-Jacques, 38.

OBSERVATIONS

OFFERTES

AUX CHAMBRES LÉGISLATIVES

SUR

LE PROJET DE FORTIFIER PARIS.

> La monarchie se perd, lorsque le prince rapporte tout à la capitale de son Empire, etc., etc.
>
> MONTESQUIEU.

Tout citoyen qui aime son pays lui doit le tribut de ses pensées : plus est grave le cas qui se présente, plus doit être courageux l'esprit qui offre loyalement le fruit de ses méditations.

C'est donc remplir un noble devoir que de céder à la voix qui nous invite à déposer dans l'urne de la patrie l'obole qui peut aider à la conservation de son existence, compromise par un projet dangereux; et, sans aucun de ces préambules qui ne voilent que trop spécieusement la vanité des opinions humaines, hâtons-nous d'entrer en matière, appuyé sur la maxime sacramentelle d'un texte non moins applicable aux gouvernemens *représentatifs*, qu'aux pouvoirs absolus.

Afin de rendre ces observations plus nettes, plus précises, plus concluantes, je les divise sous le rapport *national, politique et militaire.*

PARAGRAPHE PREMIER.

SOUS LE RAPPORT NATIONAL.

Une Nation qui, comme la nôtre, a fait succéder le principe *électif* au principe *légitime*, devait espérer que le gouvernement nouveau marcherait avec toutes les conséquences administratives de ce principe, et que, s'éloignant des erremens du passé pour mieux asseoir le présent, une plus équitable, une plus sage, une plus paternelle distribution des choses intérieures seraient faites au profit de tous les points de la France avec discernement, avec mesure; mais de manière à affermir l'œuvre nationale en faisant disparaître par degré le droit d'aînesse exclusif d'une capitale privilégiée, pour n'en faire plus qu'une grande cité; parce que plus on répand les ressources d'un état sur tous les points d'un état, plus on satisfait tous les intérêts, plus on se concilie les esprits, les opinions, et mieux on fait apprécier le pouvoir qui, sur les débris de toute opposition fâcheuse, amène le bien-être de tous, par la distribution de cette égalité rationnelle, produisant la force d'unité, garantie

— 5 —

éternelle du repos intérieur par la fusion des partis,
assurant à jamais la perpétuité d'une monarchie qui
trouve autant de zélateurs que de citoyens ; le pouvoir justifiant ainsi une révolution assise alors sur
des bases inébranlables.

Que si cette faute grave a été commise depuis 1830,
de rapporter tout à la capitale du royaume, au pré-
judice des départemens qui en souffrent, bien plus
destructive serait pour la monarchie élective, bien plus
dangereuse serait pour l'existence du pays, l'exécution de la mesure anti nationale qui fortifierait Paris
à la priorité, à l'exclusion, au mépris de tous les
autres points fortifiables du royaume et de ses frontières. Aussi ce que *Montesquieu* disait du *prince ab-
solu*, rapportant tout à sa capitale, il faut l'appliquer
entièrement au *gouvernement représentatif*, dont les
actes projetés peuvent impliquer que désormais la
France ne résidera plus que dans Paris.

N'est-ce pas assez de cette jalousie naturelle, et
peut-être fondée des départemens, qui, depuis dix
ans, voient s'agglomérer dans une capitale toutes les
ressources dont l'économique répartition eût donné
la vie de prospérité à tous les membres de la grande
famille française, sacrifiée, en quelque sorte, à la
souveraineté de Paris ? N'est-ce pas assez que le siége
du gouvernement soit devenu le siége inamovible des
arts, des sciences, des hautes sommités sociales,
princières, militaires, judiciaires, administratives ;

le siége de presque toutes les institutions , de toutes les chaires , de tous les prytanées , de tous les temples ouverts à l'esprit humain? faut-il encore joindre au luxe des richesses qu'y répandent et y nourrissent toutes les opérations de la haute finance , des banques gouvernementales , des bourses , du commerce et de l'industrie , un luxe de fortifications, élevées comme un mur d'airain pour la conservation d'une malencontreuse centralisation , comme pour annoncer à toute une nation épuisée , et victorieuse des privilèges abusifs , que cet ordre de choses , si modifiable en soi , sera désormais éternel , à l'abri des remparts despotiques qui feront de Paris l'*arche-sainte* de la France , bien que Paris n'en soit qu'un malheureux point géographique posé sur un petit coin du royaume, eu égard à son immensité? Faut-il encore , par une préférence exclusive et fâcheuse , alimenter et renforcer les esprits de parti qui nous divisent , les opinions contraires qui nous agitent , exciter la malveillance des ennemis intérieurs ; leur faire attribuer à des vues anti nationales une mesure qui ne peut que profondément blesser la fierté d'une nation généreuse et sensible? Faut-il ranimer l'inquiétude des mécontens et des opposans , entretenir l'espoir de certains *prétendans* et celui de leurs fauteurs occultes ; réveiller toutes les passions cachées sous le voile de toutes les craintes nouvelles ; encourager à tous les bouleversemens, inviter à toutes les trahisons, et faire préparer les actes les plus hostiles du pays contre le pays même, pour défendre..... que dis-je, pour défendre? pour exposer Paris à une perte inévitable, à une destruction certaine !

Mais arrêtons-nous, et renvoyons au développement des pensées profondes de *Montesquieu* pour mieux prouver que par mes faibles paroles, cette vérité terrible que les dynasties anciennes comme les dynasties nouvelles, se perdent en compromettant les empires, lorsque les princes despotes ou les rois constitutionnels, soit par eux, soit par leurs gouvernemens, lorsque tout, absolument le tout d'un état est rapporté, immolé, sacrifié à la capitale, qui au lieu d'en être le conservateur en devient en quelque sorte le vampire.

Oui : sous le *rapport national*, il est absolument vrai de dire que fortifier Paris, avant la fortification des frontières de la France, avant la fortification de tous les points résistibles de l'intérieur de la France, avant d'avoir donné force et sécurité à tous les lieux défensibles ou propres à le devenir dans chacun des départemens du royaume, c'est commettre de toutes les fautes nationales, la plus éminemment dangereuse : je vais le démontrer.

En demandant aux contribuables de l'état, 33 millions pour fortifier la ville de Paris, c'est dire à la nation Française, si délicate sur le point d'honneur. *« Nous avons besoin de vos centimes pour défendre la*

« *France dans Paris, mais non point de votre hé-*
« *roïsme national, qui doit, aujourd'hui, consister à*
« *vous laisser fouler, hommes, femmes, population,*
« *cité, propriété, par joutes armées belligérantes quel-*
« *conques. Et ce, jusqu'à ce que Paris, qui va devenir*
« *toute la France, souverain indestructible, au sein*
« *du labyrinthe crétois dont nous allons environner*
« *son éternité, dissipe ou pulvérise les hordes innom-*
« *brables qui auraient la folle ambition de se grou-*
« *per, pour venir détruire en elle, et la France, et ses*
« *armées, et sa révolution de juillet, et la monarchie*
« *élective dont l'invincible Paris, répond comme de*
« *lui-même.* »

A ce langage tacite, et que je viens de traduire en langage, exprès, la France docile se soumet, et passe de nouveau sous les fourches caudines, d'une humiliante occupation ; elle sacrifie tout à ce *Paris, géant de la nation,* mais celle-ci se prive de tous ses défenseurs naturels, qui plus tard ne pourront plus exprimer que des regrets impuissants ; car, je ne veux pas extraire de ce funeste système, les tristes conséquences à en prévoir encore ; là, où rien de lié, rien de compacte, ne forme un même tout, en vues politiques, gouvernementales, en souhaits comme en espérances, devant me suffire d'établir que manquer l'occasion naturelle de faire fondre dans le creuset de la défense partielle du pays, toutes les opinions, tous les partis, toutes les oppositions, tous les mécontens de bonne ou de mauvaise foi qui nous divisent depuis 1830, et cela pour se borner à proposer la défense isolée de Paris par des fortifications monstrueuses, quelle que soit la base adoptée pour les élever ; devant me suffire, dis-je, d'établir que c'est commettre dans la situation où se trouve le pays, une de ces fautes que l'entendement humain repousse, puis qu'on priverait ce même Paris du secours de toutes les forces nationales de la France, exposée plus qu'elle ne le fut jamais depuis les *Valois* jusqu'à *Napoléon*, par un projet destructeur de la patrie entière.

On a cité *Vauban,* on a cité *Napoléon :* ce n'est pas ici le lieu d'apprécier l'appui qu'on a si ingénieusement cherché dans ces deux grandes autorités ; l'ordre logique de mes observations veut que je renvoie à l'examen militaire que j'en ferai, en concluant.

Cependant, on ne peut avoir lu nulle part que *Vauban* ni *Napoléon* aient regardé les fortifications isolées de Paris comme l'unique point de salut, ou de conservation de la France, ni XVIIe ni au XVXe siècle. Mais je poursuis.

La révolution de 89, recueillie dans ses fruits, après tant de gloire et de désastres, de grandeurs et d'infortunes, et après la réunion de sacrifices sans nombre, et recueillie par la France de 1830, a attaché au sol de la patrie, par la possession des petites

propriétés écloses de la division des grandes, tous
les Français de nos jours, intéressés plus essentiellement encore à défendre le territoire par la nécessité
de conserver, besoin si naturel à tous les hommes ;
et point ne faut douter que la défense du seul Paris
en détermine franchement l'abandon, amène la nation au point de tout sacrifier, pour aller se faire
immoler sous les remparts d'une capitale, regardée
dès-lors comme le fléau du royaume ; car si les armées combattent les armées ennemies à la voix de
l'honneur et du du devoir, sous l'impression d'une
discipline salutaire, ce sont aussi les seuls citoyens
qui peuvent efficacement défendre, mètres par mètres,
les points chers et sacrés où résident leurs familles,
leur fortune et leurs pénates. Ce fut ainsi que, de
murailles en murailles, les Espagnols de *Sarragosse*,
lors de la terrible guerre de l'indépendance, sau-
vèrent leur pays, entièrement perdu, si tout eût été
rapporté à la seule défense de *Madrid*, capitale lais-
sée ouverte, et qui, fortifiée par tout ce qu'aurait pu
joindre l'art à l'infatigable dévouement de tous les nationaux, eût péri sous les *béliers* ou dans les champs
de bataille des armées françaises, victorieuses, de
repoussées qu'elles furent par tous les efforts par-
tiels des divers points de l'Espagne.

Oter à un pays ses moyens de défense locale, le
priver des secours apportés sur tous les points don-
nés ; lui enlever ses auxiliaires naturels, pour para-

lyser l'heureux concours qui doit amener son salut, et sur le désastreux fondement que le salut présumé d'une capitale suffit à la sécurité de salut de tout un empire ; c'est, sous le rapport national, et sans exagération hyperbolique, commettre plus qu'une faute ; c'est hâter et précipiter sans retour la ruine d'une nation entière.

Ainsi, repousser tous amendemens, tous moyens de conciliation qui voudraient faire fortifier et frontières et points fortifiables d'un royaume, qui doivent faire élever obstacles sur obstacles, présage assuré de sa conservation, pour suivre imprudemment, obstinément le plan de n'en fortifier que la capitale : c'est, sous le rapport national, exposer un grand peuple à se survivre sur les débris de lui-même, sans que je parle ici de tous les efforts que, dans son désespoir, il peut faire pour s'affranchir, en prévenant, par des défections d'abord partielles, ensuite générales, la dissolution déshonorante, qu'il regarderait devoir être le prix infaillible de sa coupable pusillanimité.

Mais, outre que le projet de loi dont s'agit est condamné sous le rapport national, il l'est encore sous le rapport politique, ainsi que nous allons en juger.

PARAGRAPHE SECOND.

SOUS LE RAPPORT POLITIQUE.

Une révolution éclate en 1830 au profit de trente-six millions d'hommes, et dans l'intérêt universel des sociétés du XIXe siècle. Elle éclate contre la suprématie usée des systèmes du monde gouvernant en faveur du monde gouverné ; une coalition occulte se forme naturellement contre elle, parce que le système électif est la perte du système légitime ; et cette coalition doit s'apprêter à devenir permanente depuis l'avènement de la dynastie que s'est donnée la France, autant qu'elle fut active contre la dynastie impériale, dont le glorieux fondateur expira sur les rochers britanniques.

Opposer à cette coalition, aujourd'hui passive, demain belligérante, sous les étendards du principe légitime en émoi, la patience de la sagesse, l'infatigabilité de la prudence, et tous les ressorts d'une politique habile et persévérante, ce n'est pas la calmer, c'est l'irriter ; ce n'est pas la détruire, c'est la forcer d'attendre, de l'opportunité des évènemens, l'essor qu'elle prendra pour ne plus s'arrêter ; car la souveraineté d'une nation, en 1830, est encore bien plus dangereuse d'exemple qu'elle ne le fut en 1789, tant pour les états absolutistes que sous la forme apparente d'une paternité gouvernementale, qu'à l'ombre fallacieuse d'un voile léger de constitution-nalité : aussi, plus la France s'est montrée modeste, résignée, plus elle a respecté des traités onéreux brisés contre son intérêt direct ; plus elle a donné des preuves de sa modération, de son désintéres-sement, mieux elle a établi sa renonciation à ce prétendu esprit de conquêtes, prétexte perpétuel des prétendues craintes étrangères ; et ce à une époque où sa seule propagande politique l'eût mise à la tête du monde ; moins elle a désarmé cette sourde coa-lition qui la mine de toutes parts : elle qui a enduré, avec la plus noble patience, les outrages faits au pays, à la monarchie et au gouvernement qu'elle a su se donner ; elle qui a poussé l'abnégation dans toutes les trompeuses alliances ; elle qui a eu la louable générosité de n'intervenir que dans ses propres af-faires intérieures, en comprimant son essor naturel vers les grandes choses, qui furent si souvent le prix glorieux de ses efforts ; elle enfin qui, après avoir été dédaignée, s'est vue délaissée dans les plus graves circonstances européennes, en récompense de tous les sacrifices faits à la paix du monde, troublée à jamais sans doute, et peut-être au profit de sa gloire, si le ressentiment eût prévalu sur la dignité, qui rend si honorable l'isolement ; qui l'élève au lieu de l'abaisser, et qui doit la fortifier au lieu de l'affaiblir.

Mais il est impolitique de montrer des apprehensions indiscrètes en sonnant le tocsin législatif pour annoncer que la France, toute inféodée dans Paris, n'a plus besoin que de se fortifier dans ce colosse de capitale pour sauver l'acte de sa souveraineté, la monarchie qu'elle s'est donnée, et le sol qui produisit tant de héros, des menaces ou des atteintes de la coalition aux étendards de la légitimité, sans s'enquérir de ce que pensera cette formidable coalition d'une mesure qui peut lui apprendre que la révolution de juillet n'a guère plus de partisans que dans le sein de la capitale où elle fut intrônisée, et que la monarchie élective n'a peut-être d'autre refuge que dans les murs où elle fut improvisée, en lui faisant préjuger, à cette coalition, que cette fameuse révolution, tant vantée, n'a plus de solidité réelle que derrière les remparts qu'on veut lui élever à la voix d'un gouvernement ébranlé sur ses bases, autour de l'immense cité à laquelle a imprudemment été sacrifié tout le reste du royaume, sans s'enquérir du parti que peut occultement tirer sur divers point du pays, et dans l'intérêt de son principe menacé, une coalition à laquelle il fallait montrer toute la France unie et compacte par un système de fortifications générales à construire pour l'englober du nord au sud, et de l'est à l'ouest, dans l'unique but de sa naturelle défense, en proclamant à haute voix cette constante vérité de fait, que la révolution de 1830 proscrivait tout système de conquêtes, d'agrandissement de territoire pour se fermer et se garder chez-elle, en vertu de son droit, et de l'isolement qui lui avait été fait : foi, ayant dû être ajoutée à une déclaration franche, digne, et en harmonie avec l'impuissance matérielle de recommencer la continuation d'une guerre de masses contre des masses, un système de guerre absurde et impossible pour elle en 1841, ce qui eut été aussi rationnel que conséquent, aussi loyal que politique ; tandis que les puissances ennemies de notre principe ont pu voir dans notre silence et dans des préparatifs non moins étrangers que singuliers au travers des divergences d'opinions sur le dessein de fortifier le seul Paris à 33 millions, pour soixante jours de sa durée approximative, la hâtive nécessité de se prémunir par tous les modes possibles contre les actes nés d'un isolement, qui au lieu d'affaiblir, fortifie, ainsi que je l'ai avancé, et que je vais l'établir.

L'isolement, au lieu de constituer la faiblesse des empires, en établit la force réelle : l'histoire de tous les temps est riche en grands exemples à l'appui de cette immuable vérité ; et, comme il faut se borner dans des observations succinctes, sous peine d'en dépasser les sages limites, je me contenterai de citer l'isolement du grand *Frédéric,* qui, avec ses seuls Prussiens, et *sans jamais avoir pensé à fortifier Berlin,* laissé ouvert de toutes parts, essuya, pour en glorieusement triompher, les efforts de tous les ennemis coalisés contre l'établissement de sa puissance, en rappelant au contraire que les deux plus grands hommes de guerre qui aient existé, opposant des masses à des masses, *Annibal* et *Napoléon*, surchargés de toutes sortes d'auxiliaires, après en avoir éprouvé les embarras et les défections, ont obtenu, malgré leur immortel triomphe et leur impérissable renommée, pour triste et douloureux résultat : le premier, une mort tragique à la cour d'un *Prusias* ; le second, une mort lente sur le roc inhospitalier de l'Angleterre ; tandis que si *Annibal,* ainsi que *Napoléon,* n'avaient eu que des nationaux à conduire à la victoire, ils eussent marché l'un et l'autre dans les voies *sages* et *prudentes* qui leur eussent assuré les ressources opportunes, incessantes, et de *Carthage* qui n'est plus, et de Paris que menace sa fin, peut-être ; enfin et ce souvenir renferme la solution de cette grave et délicate remarque, que ce fut l'isolement de la France, de 1789 à 1804, qui fit triompher ses armées partout où elles se présentèrent, *seules, nationales, unies et compactes,* tandis que ses armées, mélangées depuis, soit d'étrangers conquis, soit d'alliés acquis, en faisant dépasser les bornes voulues pour marcher vers un grand but, furent désorganisées par l'infidélité, affaiblies par les trahisons, et détruites par les déceptions qui amenèrent leur ruine totale.

Il est donc impolitique de ne pas tout entreprendre avec vigueur, en vertu d'un avantageux isolement, aux fins de se rendre libres au dedans, et retoutables au dehors.

Mais il est impolitique aussi de ne pas se clore, de ne pas se garder chez soi par tous les moyens que l'art et la nature offrent dans un pays ouvert de toutes parts, et dont les frontières ne sont liées par aucun système de fortification suivie aux points principaux de résistance, sur tous les lieux relatifs du royaume, et même de ne pas terminer ce système conservateur et de défense par l'enclavement des approches de Paris, si besoin était, de le couronner ainsi ; car penser à fortifier Paris, avec toute l'immensité de son éten-due, ce serait vouloir mettre en pratique l'impossible, et ce que la théorie de l'art proscrit.

Il est impolitique encore d'employer à discuter le temps qu'on peut employer à agir, parce que nous ne sommes plus aux époques fabuleuses, mais bien aux époques positives, où on ne forme pas une chaîne de fortifications frontières, une ceinture de défense in-térieure, où on n'établit pas un ordre de fortifications complet, aussi vîte qu'on en forme le projet ; et que depuis juillet, époque de notre isolement, six mois se sont écoulés sans qu'une pierre se soit élevée, sans qu'un seul homme se soit posé, sans qu'un seul tracé ait été fait dans ce but ; et six mois sont plusieurs années de perdues, alors qu'il s'agit de bâtir l'édifice conservateur, non d'une capitale, mais d'un royaume entier ; outre que jamais ne faut donner un éveil inutile à son ennemi, sous peine d'encourrir son mépris, et le mépris tue les états comme le mépris déconsidère l'homme individuel : d'ailleurs, là, où il y a danger pour un principe à défendre, nécessité de le hâtivement prévenir est une loi.

Il est impolitique, enfin, de fournir matière à des conjectures peu favorables, en annonçant, par induction, que l'unique fortification de Paris, par l'infaillibilité de tel et tel système, doit produire l'effet de la tête de Méduse sur toutes sortes d'assaillans, alors qu'en résultat inévitable, son érection tomberait devant un système d'attaque quelconque, et que toutes les fois qu'on pose des forces supérieures en nombre, dans la situation avantageuse de calculer son armée en chiffres déterminés sur le papier, selon l'expression vulgaire, on commet une faute politique d'autant plus imprudente que, sur le revers de la même feuille, on peut inscrire secrètement les défections intérieures sur lesquelles on compte toujours bien plus dans les guerres de principes que dans les guerres proprement dites.

Il me reste à compléter ces observations par tout ce qui est du ressort militaire, afin de prouver que rien ne milite en faveur du projet gigantesque de fortifier Paris *seul*, ni même en harmonie avec un système de fortifications quelconques.

PARAGRAPHE TROISIEME.

SOUS LE RAPPORT MILITAIRE.

Plus la France a été bornée en **1815** par des limites calculées pour assurer son impuissance, plus elle a été restreinte par des frontières habilement desharmoniées, pour l'enclaver dans une espèce de captivité géographique; plus le nombre de ses habitans a été réduit pour lui rendre impossible la guerre de masse et d'actions rapides en manœuvres, plus il importe de tout entreprendre pour agglomérer, pour centraliser les ressources qui peuvent neutraliser ce système dévastateur, le faire tourner à profit, et en faire sortir un ordre de défense régénérateur, afin de ne pas devenir la proie des conséquences du principe funeste qui a préparé le presque envahissement du pays que l'étranger peut aborder sans opposition sérieuse, dans le moment même où j'écris.

Vieux soldat, je ne puis raisonnablement comprendre l'appui donné par les hommes de guerre au projet de loi sur les fortifications de Paris, avant qu'on ait décrété les fortifications de nos frontières de tous les points fortifiables de la France, et il ne peut entrer dans mon esprit qu'on ait sérieusement demandé la fortification légale de la capitale du royaume, comme *tête* de défense, alors que ce point ne pourrait en être tout au plus que la queue ou le complément, appui qu'eussent unanimement sans

doute refusé de prêter à l'exécution d'un projet anti
militaire ; les hommes supérieurs de guerre pratique
qui n'existent malheureusement plus, et qui, s'ils
vivaient encore, au lieu de venir nous faire leur in-
discrèteapologie, en développant le modeinopportun
impraticable d'un système de guerre présumée que
prescrit la France de 1830, eussent loyalement con-
venu que toutes commandaient une modification
dans les opérations militaires de salut et de conservation pour la France de 1841 ; les opérations de leur
glorieuse époque, étant devenues séculairement
éloignées de la nôtre, en reconnaissant de bonne foi
cette indestructible vérité de fait, que là ou il serait
impossible de s'opposer avec des forces réduites en
nombre par la marche des choses, aux masses formidables qu'une coalition a toujours la faculté de présenter, nécessité est de renoncer au grand art des
manœuvres employées dans les guerres assaillantes
pour embrasser un système de défense en harmonie
avec la situation politique et nationale, avec le mode
de fortification à élever pour assurer la perpétuité de
la modeste France de nos jours. Mais les sommités
militaires qui nous demeurent..... mais celles qui
se sont élevées depuis !..... n'en parlons pas, et abor-
dons la question militaire franchement et sans crainte.

Examinons d'abord si, au XIXe siècle, et avec le
système de guerre rapide, né dans le vaste cerveau de
Napoléon, et adopté par tout le monde militaire, les
capitales des empires doivent être fortifiées pour pro-

longer leur durée, comme pour aider au gain des batailles qui pourraient être livrées sous leurs remparts.

La guerre d'action vîte a succédé par le progrès à
la guerre des lentes temporisations, et force serait à
l'art militaire de se ranger devant toutes les conséquences de ce principe de faits. Il n'y a pas plus de
rétroaction possible en matière militaire qu'en matière législative, et la consécration du système en
fait une loi imprescriptible. Le temps peut bien dans
sa marche vacillante amener des modifications de circonstances, mais le temps ne recule pas plus que les
torrens ne remontent vers leurs sources.

Dans la guerre d'action rapide, si les fortifications
permanentes ne sont plus que des obstacles secondai-
res ; si on tourne les grandes comme les petites places;
si on isole les points les plus inexpugnables pour amener par d'habiles combinaisons de mouvement les armées ennemies à combattre au loin de ces formidables
appuis, s'écroulant par le seul résultat des batailles
gagnées : que doit-ce en être des villes capitales, fus-
sent-elles fortifiées comme à ces époques où dix ans
de siége suffisaient à peine pour les réduire :

D'après ce principe, reconnu par l'expérience,
que toute place bien attaquée est une place prise, ces
capitales tombent à la voix de la victoire ou elles se
rendent après une inutile résistance, mais non point
pour être conservées, soit au vainqueur, soit au vaincu,
mais pour subir par leur destruction les lois terribles
de la guerre, que nul capitaine n'ose pas même en-

freindre, l'armée étant toute à l'armée, parce que l'armée qui a essuyé la perte de ses membres les plus valeureux en foudroyant les remparts de ces têtes insensées de royaume, a acquis le droit impérieux, quand même sa résistance n'eût été que légère, d'y entrer en maître pour venger l'armée même de ces irréparables désastres.

Ce fut ainsi que *Raab* ouvrit ses murs fortifiés après la bataille gagnée à ses pieds par *Eugène* et *Macdonald*. Ce fut ainsi que la terrible *Sagunte* ouvrit ses portes célèbres à *Suchet*, après la bataille gagnée sous ses antiques remparts : ce fut ainsi que la superbe *Valence* n'attendit pas même les approches de l'armée française pour remettre ses riches clés au chef qui allait la réduire; ce fut ainsi qu'en *Italie*, en *Allemagne*, en *Égypte* même, à quelques exceptions près, forts, villes, grandes cités, tombèrent au pouvoir des Français, vainqueurs sur tant de champs de bataille. Ce fut enfin ainsi que la grande coalition, victorieuse de l'empire, au lieu de reprendre les places fortes laissées en jalons inutiles par *Napoléon* lui-même, les évita toutes pour s'en rendre maître dans les champs ensanglantés de *Leypsick*, et dans les bois retentissans de *Hanau;* car je n'en finirais pas si je citais à l'appui de ces hautes vérités les exemples innombrables offerts par un demi-siècle de la mise en pratique du système d'action rapide, destructeur, du système de temporisation : les siéges étant devenus inutiles devant la science des grandes manœuvres d'armée : progrès immenses , progrès qu'il faut même respecter, tant en l'honneur de la science militaire, de l'éconumie, des états financiers , que de l'humanité tout entière.

Mais , hâtons-nous de prouver que les villes capitales fortifiées , sur quelque échelle que ce puisse être, compromettent plutôt le sort des empires qu'elles ne sont utiles à leur conservation.

Vienne fut , en 1809, la seule capitale fortifiée que rencontrèrent les armées françaises pendant leur course triomphale ; toutes les autres capitales laissées ouvertes furent occupées et conservées. Elles ont recueilli le fruit des évènemens et le bienfait du progrès dont elles jouissent aujourd'hui : résistantes ou fortifiées, aucune d'elles n'existerait encore.

Vienne, à cette époque de 1809 , avait fortifié ses faubourgs ; elle fit feu de ses remparts sur l'armée française. Au lieu de mutiler ses portes, *Napoléon* se les fit ouvrir à *Wagram* et à *Znaïm*. Que serait-il arrivé si l'armistice n'eût assis la paix sur les bases d'un funeste mariage?... *Vienne* de 1809 n'eût pas été traitée comme la *Vienne* de 1805, n'ayant opposé aucune résistance : aussi eût-elle été détruite et ravagée, puisque, à la voix du vainqueur désarmé, ses remparts furent *démolis*, et *sautèrent* comme clause *tacite* du traité de paix, qui fut souscrit à Schœnbrunn (1).

(1) Il existe dans le *Mémorial de Sainte-Hélène* une *erreur de fait* à relever *Moniteur en mains :* outre que *Vienne* était

Ajoutons, à l'appui de cette citation, un exemple d'induction, en disant avec vérité, que si Paris, en 1814, et même en 1815, eût pu être fortifié d'une manière quelconque; eût opposé la plus légère résistance aux coalisés, moins triomphans qu'*irrités* par tant de défaites, Paris, ce Paris, si heureusement conservé, eût infailliblement été détruit, rasé, et la France, partagée sans retour, serait sans doute, depuis plus de vingt-cinq ans, entré dans le paisible domaine de l'histoire.

Concluons, de toutes ces choses positives, de tous ces faits indestructibles, qu'au XIXe siècle, et avec le système de guerre nouveau, quelque soit sa modification, les capitales sans défense, ouvertes sur tous leurs points, seront toujours plus utiles aux vaincus que les capitales fortifiées, surtout quand le pays peut les défendre, sans témérairement exposer ainsi la dernière ressource qui lui demeure quelquefois pour satisfaire aux besoins des vainqueurs épuisés. Un état peut espérer sa résurrection avec une capitale vierge

en quelque sorte fortifiée, le prince *Charles* était trop habile pour aller capituler sous ses remparts quand il pouvait sauver l'empire dans les plaines de Wagram, où il s'établit d'une manière si *belle* ; et il n'aurait pas pu s'y renfermer avec l'archiduc Jean, qui était alors en *Italie*, où le succès d'un engagement à *Sacille* le fit pousser jusques à *Véronne*, d'où *Eugène*, à l'arrivée de *Macdonald*, le repoussa jusque sur le *Danube*, n'ayant pu joindre le prince Charles qu'une heure après la bataille de *Wagram*, ce dont l'auteur de ces réflexions a été le *témoin occulaire*.

de résistance, surtout quand son immensité la rend seule redoutable, comme le Paris de 1841 ; mais il n'y a plus de salut à attendre pour la vie d'un empire envahi, lorsqu'il est forcé dans le réduit offensif de sa capitale résistante.

Il y a même plus encore. Une coalition qui marche avec des masses calculées sur l'importance d'une opération, afin d'envahir un état dont le principe gouvernemental et monarchique menace de ruiner, par l'entraînement de l'exemple, l'existence politique des puissances qui la composent, ayant à réunir ces masses contre un état qui n'a plus de masses réelles à lui opposer, se fait un plan relatif; et lorsque, comme en France, une *carte*, fruit de l'imprudence et de la vanité des soi-disant grands faiseurs', grace aux forces envahissantes une route sûre sur tous les points du pays à envahir, cette coalition sachant que toute opposition à éprouver résiderait essentiellement dans les fortifications d'une immense capitale, elle fait son thême en deux façons ; ou elle se décide à attaquer ces fortifications monstres, ou elle se décide à les isoler, pour faire tomber d'elle-même la capitale qu'elles renferment.

Si la coalition marche droit sur cette capitale pour l'assiéger et la réduire, elle évite tous obstacles, tous engagemens sérieux ; elle dévaste et ruine le pays, en s'y établissant ou en ne faisant qu'y passer, pour ses approvisionnemens, en marchant sur la capitale qui devient aussi à ses yeux la France toute entière :

comme cette coalition se forme d'une force de nombre
que ne peut lui opposer la population réduite de l'état
envahi ; les combats, lui fussent-ils désavantageux
par le fait, lui deviennent favorables par le résultat,
parcequ'ils affaiblissent l'ennemi, auquel elle ôte
aussi, par degrés, toutes les ressources locales ; elle
fomente, elle sème le mécontentement sur son pas-
sage ; elle excite les partis, recherche et trouve des
fauteurs et des traîtres, (ils ont pullulés en France
depuis 1813)! Elle se fait des auxilaires sourds et té-
nébreux des sectateurs politiques de son système ;
elle peut aussi se ménager l'apparition d'un prétendant en cas d'un non succès pour ses armes : ce qui
lui ouvre la ressource en faisant occuper le territoir
par un allié, en preuve de désintéressement, de se
ménager une réussite contre le système politique qui
eut été destructeur du sien; et alors, selon le plus ou
moins de résistance qu'elle rencontre, elle s'établit
sur tous les points qu'elle juge conservateurs en s'é-
chelonnant dans son mouvement avant, pour mieux
préparer, au besoin, le salut de son mouvement ar-
rière ; et comme nul ne peut répondre du gain d'une
grande bataille à une époque surtout où les grands
manœuvriers ne sont plus, et où les manœuvriers
improvisés ne pourraient opérer sur une petit échelle,
qu'avec les erremens de l'inexpérience, dans un art
qui *s'inspire* et ne s'enseigne pas, car la guerre de
mouvement est un *tact*, et non pas une *science élé-
mentaire.* Et, si cette coalition perd une et même

plusieurs batailles, elle a, par la nature de ses masses, de quoi réparer tout échec, et, continuant alors d'appauvrir le pays envahi, le vainqueur perdant quelque fois autant que le vaincu dans les grands comme dans les petits chocs d'armées, elle peut recommencer ses opérations, avec plus de probabilité de succès encore. Triomphante, dans une grande affaire décisive, elle arrive (soixante-cinq lieues, environ, séparent de la frontière du Nord en 1841). Elle arrive, dis-je, devant cette fameuse capitale, au sein de laquelle elle connaît des élémens secourables en faveur du système qu'elle veut faire triompher, et en développant ses troupes inépuisables par les réserves qui les suivent, elle attend tout du temps, qui la sert autant qu'il nuit à des retranchées sur une ligne aussi démesurée ; elle oppose même au besoin *circonvalations et contrevalations* à une plus continue défense, et finit par faire demander *merci* aux agglomérés ou à les foudroyer dans leur *refuge-capitale* qui ne présentera bientôt plus aux regards, en les supposant unanimes d'héroïsme et de dévouement, que le plus horrible tableau de destruction que l'esprit humain puisse envisager.

Que si la coalition suit au contraire le deuxième thême, celui d'isoler la capitale devenue *l'arche de Noé national et militaire* du royaume, tous les points principaux en seront envahis, et par terre et par mer ; l'occupation du pays s'organisera par progréssion de succès ; cette coalition parlera aux passions avides de l'entendre, offrira aux mécontens l'espoir des réparations, et créera au besoin un gouvernement provisoire, sous les auspices d'un prétendant quelconque si elle ne peut assurer le triomphe de sa cause de principes, que par ce moyen décisif; et Paris alors, le *Grand Atlas* de Paris est réduit à ouvrir humblement les portes de ses énormes remparts, encore debout, à subir la loi de toutes les nécessités en expiation de son orgueil, de son imprévoyance, n'ayant pas pu se faire jour sur des points salutaires pour y transporter ses *pénates* et ses *dieux*; perdant à jamais, par l'effet de son fatal droit d'aînesse, la puissance éphémère qu'elle crut éterniser, le siège du gouvernement qui lui succède est placé sur un point géographique plus heureux; Paris, devenu simple cité dans l'intérêt d'ordre du nouveau royaume organisé, n'est plus visitée que par les curieux avides de voir ses monumens conservés ou mutilés : résultats expiatoires de sa vaniteuse prétention et de son impuissante résistance.

Mais si au contraire, Paris est laissé ouvert, à l'imitation de tant d'exemples précités, et sans aucune fortification permanente, ni de campagne comme en 1814 et 1815; si, au lieu de dépenser 33 millions pour lui préparer une si déplorable renommée, le gouvernement du pays, défenseur plus sage, plus prudent, et plus éclairé de la révolution de 1830, du système électif qu'elle a crée, de la monarchie au nom de laquelle il se meut, dépense cette somme et même des *milliards* pour fortifier les frontières, tous les points fortifiables de la France en formant une chaîne de défense non interrompue et sur terre et sur mer ; si au contraire la France ferme ses portes en tous lieux défensifs, se hérisse de remparts, se couvre de bastions, se ceinture de camps retranchés et de tous les moyens inventés par l'art, en fondant le nouveau système militaire avec l'ancien, pour présenter à toute coalition possible un front de royaume formidable. Oh alors, mais alors seulement, la patrie ne courre plus que les hasards de la fortune qui ne saurait trahir de si hautes, de si larges, de si profondes, de si héroïques prévisions ; patrie défendue simultanément par tous ses enfans, sur chacun des points désignés à leur courageux patriotisme ; et enfin, si pour dernier réduit, d'une plus entière sécurité il fallait fortifier les approches de l'un des points les plus menacés de Paris, que ces fortifications au moins ne soient jamais isolées, qu'elles soient en harmonie avec un système de fortification générale, parce qu'alors l'exception confirmera la règle posée par l'art de la guerre, et que le salut de Paris, à tous événemens, deviendra la conséquence forcée du principe de défense modérée qui aura été mis en pratique loin de son siége réel.

Vauban et *Napoléon* ont été cités à l'appui du projet, fortifiant *isolément* Paris, sans avoir eu égard aux temps, aux époques, aux choses et aux lieux. Il faut avoir la courageuse hardiesse d'exprimer une grande vérité : c'est que ni l'une ni l'autre de ces deux puissantes autorités ne peuvent être déterminantes pour résoudre la haute question qui nous agite.

Vauban vivait à une époque où le siége du gouvernement était à Versailles, à une époque où Paris, un presque extrait de ce qu'il est de nos jours, n'était qu'une grande cité, et non un récipiendaire de toutes les choses plus heureusement distribuées dans les provinces du royaume d'alors : aussi, outre que *Vauban* n'a point exprimé la pensée que Paris, isolément fortifié, eût jamais pu sauver la France, ainsi que je l'ai déjà dit ; *Vauban* qui avait fait de ses frontières au XVII⁰ siècle une ceinture de fortifications, se liant avec les autres points du pays, fortifiés ou fortifiables, a exprimé le regret que le Paris d'alors ne fut point fortifié, parce que, dans son esprit, ce point devait être le complément de son système et le dernier réduit d'une défense générale ; outre qu'on faisait alors la guerre d'*état* à *état*, non point de *capitale* à *capitale*, et qu'on ne connaissait pas la guerre de *principe*, l'Europe étant en harmonie sur ce point politique : aussi nul doute que si *Vauban* vivait en 1841, l'esprit, enrichi des progrès de son art et d'un système de guerre nouveau, nul doute que s'il avait devant les yeux le spectacle national et politique qui fixe les nôtres, il ne s'opposât, de toute la puissance de son génie, à un projet qu'il est au moins indiscret de lui faire approuver par une induction forcée, mais qui ne peut porter atteinte à la vieille renommée de cet illustre ingénieur.

Quant à *Napoléon*, ayant énuméré sur son rocher d'exil les fautes de ses ennemis, et même les siennes propres, il a dicté des mémoires remarquables en faveur du système de guerre nouveau dont il fut l'immortel créateur, mais devenu impraticable depuis, et surtout d'après les principes proclamés en 1830, *neuf ans* après sa mort prématurée, c'est-à-dire *neuf siècles* après lui ; car les grandes époques ont une priorité sur le temps, qu'elles dévancent toujours ; et, d'ailleurs, ce genre de guerre brillant, qu'on ne peut exécuter qu'avec des masses, qu'il opposa si glorieusement à une infatigable coalition de rois dont il prévenait les actes destructeurs par leur défaite, ne saurait être mis en actions par les armées de la France, réduite en 1815, et menacée depuis 1830 en vertu de sa conquête de *principe*. Qu'aux heures de refoulemens, *Napoléon* ait regretté que *Paris*, plus ou moins fortifié, n'ait pu lui servir de *pivot* pour le succès, peut-être impossible, de son admirable campagne de France, cela se conçoit facilement ; peut-être a-t-il plus profondément regretté d'avoir trop glorieusement dépensé, en 1813, les forces dernières de l'empire, qui, répandues sur *le Rhin*, jetées dans nos *places fortes*, posées sur le *revers* de nos frontières *vides* de défense, eussent assuré *sa retraite infaillible*, et dont le succès eût sauvé *son trône, la France* et *Paris ;* mais plus les hommes supérieurs sont lancés dans la carrière qui leur est propre, plus il leur est difficile d'en arrêter l'immortel essor. *Napoléon*, enfin, n'a dicté à personne que les *capitales fortifiées* sauveraient *toujours* les *états*, ni que *Paris seul*, entouré d'immenses remparts, serait l'unique *moyen* de sauver la France, le prince, le gouvernement, les institutions d'un pays, des effets d'une coalition, de toutes sortes d'invasions étrangères. Eh! s'il pouvait élever la voix sous le dôme héroïque où ses cendres reposent, il nous dirait sans doute, au sujet de la grave question qui nous occupe : « *Français de* 1830, *d'autres temps,* « *d'autres soins!* l'attaque fut la loi de mon époque, « la défense est la *nécessité* de la vôtre ; appuyez le « système de *Vauban* par le mouvement modifié du « *mien,* et vous pourrez *attendre l'avenir* au sein de « toutes les sécurités nationales. »

En effet, il n'y a pas d'autres élémens de succès en 1841, et il faut se hâter de prendre toutes les mesures qui peuvent en faciliter l'entière et franche application : cette raison militaire est aussi la raison d'état ; et si vous-voulez que la France de 1830 soit forte et durable, fortifiez-vous, sans acception, sur toutes vos frontières, sur tous les points fortifiables et fortifiés du pays, afin que chaque *mètre carré* soit un obstacle, devienne un tombeau pour les ennemis de nos principes, de nos institutions, de notre gouvernement, en assurant à jamais le salut de notre beau pays ; concourons tous à la défense du sol, citoyens, armés, gardes nationaux ; sachons mourir, unis, au poste où le sort nous aura placés : laissons *Paris* ouvert, laissons *Paris libre* de transporter au besoin toutes les richesses de la France gouvernée partout où les circonstances en feraient une loi, souvenons-nous que vers le commencement du xve siècle, la moitié de la France, ou conquise, ou livrée, fut régie à *Paris,* gouvernée dans *Paris* même, par les Anglais de Henri V, improvisé roi *de France et d'Angleterre* ; mais souvenons-nous aussi que *Poitiers* et *Bourges,* devinrent le *Paris,* le Paris *victorieux* de Charles VII, et qu'après des années de pertes, de sacrifices et de la plus mémorable persévérance, en réparation des plus grands malheurs qui puissent affliger un royaume, la dynastie usurpatrice *des Lancastre,* imposée si ignominieusement à la France, fut refoulée au sein de cette Angleterre si superbe ; et que la maison de *Valois* a pu transmettre ainsi à la succession de nos rois, et *Paris* et la *France* inséparables à toujours, quand Paris et la France seront défendues par l'unité des opinions, par l'harmonie du courage, et par l'énergie des vertus nationales.

Enfin n'oublions jamais que les monarchies tombent, les empires s'ébranlent, les sociétés se révolutionnent et disparaissent, lorsque le prince, comme le pouvoir, rapportent *tout,* sacrifient tout, à la capitale d'un état, qui ne peut jamais se défendre par elle-même, sa défense naturelle étant dans l'unité de concours de tous les autres points du pays, car, c'est à tous les habitans d'un royaume qu'il appartient, en défendant tous les autres points du royaume, de faire respecter ou de sauver leurs capitales, placées alors derrière des remparts indestructibles.

En me résumant j'ai établi, en tant que possible, dans ces limitées observations, et par le principe du sage *Montesquieu,* et, par des vues d'intérêt national et politique, que Paris ne devait point être fortifié isolément, tout un pays ne pouvant être sacrifié sans un danger imminent à la conservation présumée d'une capitale, sous peine de perdre la monarchie élective de 1830, de faire crouler le gouvernement représentatif, et de détruire une révolution accomplie qu'il faut défendre ou qu'il faut abjurer.

J'ai prouvé, par les exemples anciens et modernes, que les fortifications des villes capitales, fortifiées isolément, ou simultanément de la manière la plus large et la plus complète, ne pouvaient ni conserver les empires, ni prévenir leur destruction.

J'ai prouvé, que les capitales ouvertes et sans aucune espèce de défense, en m'appuyant sur un demi siècle de guerres sans exemple, étaient au contraire, et surtout plus leur importance était grande, un point d'appui régénérateur, un point d'espoir conservateur pour les états envahis, ou menacés de l'être, en concluant que ce moyen de défense passive était le seul qui put convenir à l'immensité de Paris, que ni l'art, ni la nature ne pourrait secourir efficacement, contre le système d'actions propres aux masses coalisées, en citant au Paris à fortifier de 1841, l'exemple si récent du Paris non fortifié de 1814, et de 1815.

J'ai prouvé que, sous le rapport millitaire et sans avoir voulu discuter les divers systèmes de fortifications à élever de quelque ordre qu'ils fussent, que ni l'autorité du célèbre *Vauban*, ni celle du grand *Napoléon* ne pouvaient être invoquées raisonnablement, consciencieusement, pas même par induction histotorique, parce que le XVIIᵉ siècle ne pouvait s'harmonier avec le XIXᵉ, et que, de 1815 à 1830, quinze *siècles* avaient élevé leurs têtes puissantes, pour ordonner des moyens exceptionnels de régir la défense de toutes les choses de 1841.

J'ai prouvé que la France, née du principe de 1830, ne pouvait pas plus raisonnablement appliquer le système de *Vauban* et celui de *Napoléon*, isolés à la situation nouvelle du royaume actuel, en établissant que leur fusion pouvait seul amener un résultat de conservation et de salut contre les coalitions actives ou passives méditant la destruction d'un principe qui ne peut-être victorieusement défendu que sur les bâses de ces deux systèmes militaires réunis, sous peine d'en compromettre le salut, en exposant le royaume à disparaître sous les murs écroulés de Paris.

J'ai prouvé, enfin, que si Paris devait être fortifié d'une manière quelconque à la voix du gouvernement le demandant à la France, il fallait que Paris fut le complément et non le principe, la queue et non la tête, le dernier réduit et non le premier bastion d'une chaîne de fortifications, qui, depuis *A* jusqu'à *Z* formerait la ceinture du royaume commis à la défense de la garde nationale, de l'armée et des citoyens, sur chacun des points de résistance du pays, déterminés par la nature et perfectionnés par le système de *Vauban* aux frontières, défendues par le système de *Napoléon* intérieurement.

J'ai besoin, en terminant cette tâche si difficile, si délicate, et si au-dessus de mes forces, de déclarer que, sorti du service pour ne jamais y rentrer, sans ambition militaire comme sans orgueil personnel, ces observations imparfaites, mais pures d'intention, et absolument désintéressées, puisées et mûries au sein de l'expérience, méditées avec conscience et loyauté, offertes aux chambres législatives avec la confiance que donnent les plus intimes convictions, ont été inspirées à un bon français de plus, dans l'intérêt de son pays.

Le chef d'escadron au Corps-royal d'état-major en retraite légale, ancien aide-de-camp du maréchal Macdonald.

DEYDIER DE PUECH-MEJEAN.

Paris, le 2 février 1841.